L'AMI
DES FEMMES

COMÉDIE EN UN ACTE, MÊLÉE DE COUPLETS

PAR

M. PAUL SIRAUDIN

Représentée pour la première fois, à Paris, sur le Théâtre du Palais-Royal,
le 3 juin 1861.

PRIX : 1 FRANC

PARIS

LIBRAIRIE NOUVELLE

15, boulevard des Italiens

A. BOURDILLIAT ET Cⁱᵉ, ÉDITEURS

1861

L'AMI DES FEMMES

COMÉDIE EN UN ACTE, MÊLÉE DE COUPLETS

Représentée pour la première fois, à Paris, sur le théâtre du Palais-Royal
le 3 juin 1861.

Paris.—Imp. de la Librairie Nouvelle, A. Bourdillat, rue Breda, 15.

L'AMI

DES FEMMES

COMÉDIE EN UN ACTE, MÊLÉE DE COUPLETS

PAR

M. PAUL SIRAUDIN

PARIS

LIBRAIRIE NOUVELLE

BOULEVARD DES ITALIENS, 15

A. BOURDILLIAT ET Cᵉ, ÉDITEUR

Représentation, traduction et reproduction réservée

1861

PERSONNAGES.

NATHANIEL BAUDRAND.. .... MM. Ravel.
GASTON DE RIOUX, ami de Nathaniel........   Gaston.
FRANÇOIS, jardinier.....................   Lassouche.
MADAME DE MÉRICOURT .... Mlle Deschamps.
LUCETTE, femme de chambre de madame de
    Méricourt.........................   Marie Protat

L'AMI DES FEMMES

Le théâtre représente un salon sur la terrasse d'un jardin.

SCÈNE PREMIÈRE

Mme DE MÉRICOURT, LUCETTE.

MADAME DE MÉRICOURT, écrivant à une table.

Qui avons-nous encore ?...

LUCETTE.

Monsieur le maire !...

MADAME DE MÉRICOURT.

C'est juste ! (Elle écrit.) Mais où le placerons-nous à table, monsieur le maire ?...

LUCETTE.

A côté de vous ! Il faut toujours bien se mettre avec un maire... on ne sait pas ce qui doit arriver... on peut se marier !...

MADAME DE MÉRICOURT.

Taisez-vous donc, Lucette.

LUCETTE.

Et pourquoi donc, madame? Voilà trois ans que vous êtes veuve, juste deux ans de plus que la loi ne vous accorde pour pleurer un mari.

MADAME DE MÉRICOURT.

Lucette... je vous prie de ne pas vous occuper du plus ou moins de regrets que m'a laissés mon veuvage !...

LUCETTE.

Pardon... madame. Mais comme il y a huit jours, quand vous étiez encore à Paris, vous êtes allée au bal... je supposais...

MADAME DE MÉRICOURT.

Assez de suppositions... Tenez... voici les noms des invités... Vous les placerez dans l'ordre convenu...

LUCETTE.

Oui... madame. Mais j'en reviens toujours à monsieur le maire Il n'a rien été décidé pour lui... et quand cela ne serait qu'à cause de moi... placez-le près de vous, madame...

MADAME DE MÉRICOURT.

A cause de vous !...

LUCETTE.

Dame !... Je suis à marier, moi, en premières noces. . et François...

MADAME DE MÉRICOURT.

Je vous ai défendu de songer à François !

LUCETTE.

Oh ! madame !...

MADAME DE MERICOURT.

AIR *du Partage de la richesse.*

Non, non, François, un simple domestique,
C'est un parti qui ne vous convient pas !

LUCETTE.

Pauvre garçon, à me plaire il s'applique,
Ses procédés sont des plus délicats.
Il croit en moi, tout comme en l'Évangile.
Ainsi qu' son cœur, tout en lui m'appartient.
Il est soumis, un peu bête, et docile,
Vous voyez bien, madam', qu'il me convient !

Et puis voulez-vous que je vous dise, je n'ai pas confiance en vous, madame...

MADAME DE MÉRICOURT.

Comment !

LUCETTE.

Voyez-vous, selon mes petites idées, il en est du mariage comme de la cuisine !

MADAME DE MÉRICOURT.

Je ne comprends pas !...

LUCETTE.

Pour être bonne cuisinière, il faut aimer la cuisine qu'on fait pour les autres comme si on la faisait pour soi, de même pour le mariage... on ne trouve de bons maris pour autrui, qu'autant qu'on a le goût de la chose pour son propre compte...

MADAME DE MÉRICOURT.

Soit... épousez François... puisque vous le voulez... mais... je vous préviens que je ne donne pas de dot !...

LUCETTE.

Mais madame !...

MADAME DE MÉRICOURT.

J'ai dit pas de dot...

SCÈNE II

LES MÊMES, NATHANIEL, sur le seuil de la terrasse au fond, il est suivi de François portant des malles sur des crochets.

NATHANIEL, s'avançant.

Et moi, j'en donne une !

MADAME DE MÉRICOURT.

Nathaniel !...

NATHANIEL, il lui donne la main.

Chère Amélie !...

MADAME DE MÉRICOURT.

Je ne vous attendais plus !...

NATHANIEL.

Pourquoi donc !

MADAME DE MÉRICOURT.

Mais depuis six jours que je suis ici... quand vous deviez arriver le lendemain !

NATHANIEL.

Des affaires ! des histoires, je vous raconterai cela plus tard... Mais vous deviez bien penser... qu'aujourd'hui... la veille de votre fête... j'arriverais mort ou vif, et me voilà... vif... et le premier, je l'espère !...

MADAME DE MÉRICOURT.

Sans doute !

NATHANIEL.

Permettez donc, chère amie, que je vous offre... (Il lui donne une broche.)

MADAME DE MÉRICOURT, regardant.

Oh ! quelle jolie broche ! merci, mon ami !

LUCETTE, s'avançant.

Et moi, monsieur, vous ne me donnez rien ?...

NATHANIEL.

Toi... je t'ai promis une dot et en attendant ! tiens ! (Il l'embrassse.)

LUCETTE.

Merci... monsieur !

NATHANIEL.

Oh ! et François qui est là... J'oubliais...

FRANÇOIS, s'avançant.

Oh ! faites donc, monsieur, faites donc, je ne suis pas jaloux de monsieur, moi, je sais que monsieur nous aime de bonne et pure amitié... Faites donc, monsieur, faites donc...

NATHANIEL.

Et tu as raison ! Mais porte mes malles dans ma chambre... toujours... la chambre verte... n'est-ce pas ?... (A madame de Méricourt.)

MADAME DE MÉRICOURT.

Sans doute! Ma plus belle chambre d'amis n'est-elle pas pour

1.

vous? Allez, François, et vous, Lucette, placez les noms sur les verres !...

LUCETTE.

Oui, madame !

ENSEMBLE.

Air :

MADAME DE MIRECOURT.	NATHANIEL.
Quand pour vous tout s'apprête,	Quand pour moi tout s'apprête,
Acceptez sans façon,	J'accepte sans façon,
Voilà comment je traite	En ami l'on me traite,
L'ami de la maison.	Je suis de la maison.

LUCETTE et FRANÇOIS.

Pour lui que l'on s'apprête,
Tout est bien, tout est bon.
Voilà comment l'on traite,
L'ami de la maison.

(François et Lucette sortent.)

SCÈNE III

MADAME DE MÉRICOURT, NATHANIEL.

MADAME DE MÉRICOURT.

Nathaniel !...

NATHANIEL.

Amélie !...

MADAME DE MÉRICOURT.

Qu'avez-vous fait à Paris, depuis six jours?

NATHANIEL, embarrassé.

J'ai... j'ai songé à vous !...

MADAME DE MÉRICOURT.

Bien vrai !...

NATHANIEL.

D'abord... j'ai été chez votre couturière !

MADAME DE MÉRICOURT.

Bien !...

NATHANIEL.

Chez la marchande de modes !...

MADAME DE MÉRICOURT

Bien !

NATHANIEL.

Chez votre tapissier !

MADAME DE MÉRICOURT.

Très-bien !... Mais j'y songe ! en quittant le bal de madame de
Cernange, la veille de mon départ pour la campagne, j'ai entendu
une espèce de discussion... dans le petit salon !

NATHANIEL.

Ah ! vous avez entendu !

MADAME DE MÉRICOURT.

Confusément... et il me semblait que votre nom avait été pro-
noncé?

NATHANIEL.

Moi !... ah ! oui... oui... je me souviens, je sais ce que c'est...

Je vous raconterai... cela. . c'est encore une histoire... Je vous la dirai plus tard !...

MADAME DE MÉRICOURT.

Ah çà! mais je remarque, mon cher Nathaniel, qu'avec votre manie de me raconter tout plus tard... vous ne me racontez rien !...

NATHANIEL.

J'amasse les histoires ! j'entasse les anecdotes, je collectionne les bons mots, pour les douces et tranquilles soirées !... que nous avons à passer ensemble dans cette campagne... Vous verrez... je suis capitonné de faits divers, émaillé de récits piquants et damasquiné de propos scandaleux...

MADAME DE MÉRICOURT.

Soit !... j'attendrai !...

NATHANIEL.

Ah !... étourdi que je suis !...

MADAME DE MÉRICOURT.

Quoi donc ?...

NATHANIEL.

J'oubliais de vous dire !...

MADAME DE MÉRICOURT.

Encore une histoire! Gardez-la-moi pour mes vieux jours!...

NATHANIEL.

Méchante !... vous n'y êtes pas ! je ne suis pas venu seul ici !...

MADAME DE MÉRICOURT.

Ah !...

NATHANIEL.

J'ai un compagnon de voyage !

MADAME DE MÉRICOURT.

Où est-il ?...

NATHANIEL.

Il est au chemin de fer... au bureau du télégraphe électrique!...

MADAME DE MÉRICOURT.

Peut-on savoir quel est ce nouveau venu?

NATHANIEL.

Sans doute!... c'est un de mes amis! un camarade de collège, un barbiste... vous le connaissez, Gaston de Rioux!

MADAME DE MÉRICOURT.

Gaston de Rioux!... attendez donc!... je l'ai rencontré plusieurs fois chez madame de Cernanges.

NATHANIEL.

Précisément!...

MADAME DE MÉRICOURT.

Il arrive d'Italie!... il m'a raconté une partie de ses excursions!..

NATHANIEL.

Et c'est pour vous continuer le récit de ses voyages qu'il a sollicité l honneur de vous être présenté! Vous voyez que si je mets de la discrétion dans mes récits, je pousse les autres à la dépense!...

MADAME DE MÉRICOURT.

Mais vous m'y faites songer... monsieur de Rioux est un de vos camarades de collège!...

NATHANIEL.

Je sais ce que vous allez me dire : il a vingt-cinq ans!... et moi... je les ai eus... mais ça ne fait rien... Il entrait à Sainte-Barbe comme j'en sortais... Je crois même que j'en sortais qu'il n'y était pas encore entré... qu'importe, n'avons-nous pas eu les mêmes pensums sur les mêmes bancs?.. donc nous sommes camarades... à quelques jours... près... Eh!... tenez, le voilà!...

SCÈNE IV

Les Précédents, GASTON.

GASTON, sur le seuil de la porte.

Madame !...

NATHANIEL.

Entre donc... je t'ai annoncé !...

MADAME DE MÉRICOURT.

Monsieur de Rioux soyez le bienvenu ! mais permettez-moi de vous
faire un reproche.

GASTON.

Un reproche !...

MADAME DE MÉRICOURT.

Oui. C'est de ne pas venir exprès pour moi... c'est-à-dire un
jour où je suis seule, où je causerais avec vous, où vous pourriez
continuer le récit de vos aventureux voyages.

GASTON.

Vous vous trompez, madame, je suis venu exprès pour vous; je
savais par l'ami Nathaniel que c'était aujourd'hui votre fête, et si je
ne puis vous entretenir de mes pérégrinations, j'ai songé du moins
à vous en rapporter... quelques souvenirs ! (Il lui remet une mosaïque.)

MADAME DE MÉRICOURT.

Oh !... la belle mosaïque !...

GASTON.

Elle est du dernier maître mosaïste de Florence.

MADAME DE MÉRICOURT.

Voyez donc, Nathaniel ! quelles ravissantes couleurs !... quel travail !...

NATHANIEL.

En effet, ces pierres chatoient admirablement.

MADAME DE MÉRICOURT.

Merci encore !

LUCETTE, entrant du fond.

Madame, voici monsieur le maire qui sonne à la grille !

MADAME DE MÉRICOURT.

Je vais le recevoir; vous permettez... messieurs.

GASTON.

Comment donc... madame !

MADAME DE MÉRICOURT.

A bientôt !...

ENSEMBLE.

MADAME DE MÉRICOURT.
J'ai tout mon monde à recevoir,
Je vous quitte, mais au revoir,
Pour mieux vous retenir ici,
Je vous laisse avec votre ami !

GASTON et NATHANIEL.

Elle a du monde à recevoir,
Mais elle nous dit au revoir.
Pour mieux nous retenir ici,
Nous sommes traités en ami.

(Mme de Méricourt sort après l'ensemble par le fond.)

SCÈNE V

GASTON, NATHANIEL.

GASTON, à lui-même.

Quelle ravissante femme !...

NATHANIEL, brusquement.

Eh bien !... as-tu des nouvelles ?

GASTON.

Non... Mais j'ai fait jouer le télégraphe !... et tantôt!...

NATHANIEL.

A la bonne heure !...

GASTON, changea de ton.

Ah çà ! me diras-tu un peu à la suite de quel propos ce duel a eu lieu ?

NATHANIEL.

Le moment n'est pas venu... Tu sauras tout plus tard ?...

GASTON.

Plus tard, plus tard, toujours ton même refrain.

NATHANIEL.

Mon cher Gaston... raconter c'est vieillir... agir c'est être jeune... voilà pourquoi je ne raconte pas encore !

GASTON.

Très-bien ! Dis donc, sais tu que c'est une femme délicieuse... madame de Méricourt !

NATHANIEL.

Parbleu... si je le sais... et je l'apprécie... mieux que toi encore ! moi qui suis son ami !...

GASTON, riant.

Oh !... son ami !...

NATHANIEL.

Mon cher... fais attention à tes paroles !

GASTON.

Bon Dieu ! comme tu prends feu ! Veux-tu donc aussi te battre avec moi !

NATHANIEL.

Non... Mais tu es jeune, et tu ne comprends pas l'amitié !...

GASTON.

J'avoue que je la comprends difficilement, entre un homme, quel qu'il soit, et une femme comme madame de Méricourt !...

NATHANIEL.

Eh bien ! mon cher de Rioux, je suis purement et simplement l'ami de madame de Méricourt, je me suis posé ainsi !...

GASTON.

Bah !...

NATHANIEL.

A l'âge où je suis arrivé... j'ai pris cet emploi, et je m'en trouve bien !...

GASTON.

Vraiment !...

NATHANIEL.

Vois d'ici le tableau ! De mon côté... pas d'inquiétudes, de jalousi s; du côté de la femme, dont je suis l'ami, toujours un visage riant, des façons aimables, je me trouve avoir les bénéfices d'un ménage ou d'une grande passion... sans en avoir les inconvénients !

GASTON.

C'est bien imaginé !...

NATHANIEL.

Je possède ainsi, dans Paris, deux ou trois maisons dont les femmes sont mes amies. Ah ! mon cher... si tu savais combien les relations, purement intellectuelles, avec ces êtres charmants, qu'on appelle des femmes et des Parisiennes, surtout, suffisent au bonheur d'un homme, arrivé comme moi, sur le versant nord de la montagne de l'existence : c'est tout un poëme !... Oh, rassure-toi ! je ne te le dirai pas ; mais sache que je n'ai jamais été si tranquille, si placide, que depuis que j'ai abdiqué ma qualité d'amant, pour embrasser la profession d'ami des femmes ?...

GASTON.

C'est beau ! c'est digne des anciens temps, c'est de la chevalerie !...

NATHANIEL

Du tout ! c'est de l'égoïsme !

AIR : *Il me foudra quitter l'empire.*

Aux jours marqués pour les folles tendresses,
Je dépensais et mes soins et mon bien.
Pour le bonheur de mes maîtresses,
Je négligeais de m'occuper du mien.
Leur bonheur seul, que m'importait le mien :
Que j'ai souffert ! pour j'aimais ces dames.
Que de chagrins, de soucis et d'effroi :
Mais aujourd'hui, j'obéis à une autre loi,
J'ai trop aimé pour le bonheur des femmes.
Il serait temps d'aimer un peu pour moi !
Oui, j'ai besoin d'aimer un peu pour moi !...

GASTON.

Ma foi ! je t'admire !...

SCÈNE VI

LES PRÉCÉDENTS, LUCETTE, puis FRANÇOIS.

LUCETTE, entre en pleurant.

Hi !... hi !... hi !...

NATHANIEL.

Hé bien... Lucette... tu pleures?...

LUCETTE.

Oh ! je suis bien malheureuse !...

GASTON.

Oh ! la pauvre enfant !...

NATHANIEL.

Qu'as-tu? Voyons, parle !...

LUCETTE.

C'est que madame refuse, positivement, de donner son consente-
ment à mon mariage avec François!...

NATHANIEL.

Mais... puisque je donne la dot!...

LUCETTE.

La dot n'y fait rien ; madame dit que François!... est un lour-
aud... un rustre !...

NATHANIEL.

Il y a du vrai !...

LUCETTE.

Ah !... monsieur Nathaniel !...

NATHANIEL.

Voyons... voyons, console-toi... avec des yeux comme ceux-là, il ne faut pas pleurer !... Pauvre petite !... (Il l'embrasse.)

LUCETTE.

Vous êtes bon, vous !...

NATHANIEL.

Oui... je suis bon !... (Il l'embrasse encore.)

FRANÇOIS, entrant et le voyant.

Ah !...

GASTON.

Oh !... le futur !...

NATHANIEL.

Oh !... Pardon !...

FRANÇOIS.

Embrassez, monsieur, y a pas d'offense !... Embrassez, j'ai confiance. Vous êtes l'ami de Lucette, allez-y ?...

NATHANIEL, à Gaston.

Tu vois... quel charmant privilège !...

GASTON.

C'est vrai !... (Il s'approche de Lucette.) Mademoiselle Lucette, les amis de nos amis... (Il va pour l'embrasser.)

FRANÇOIS, le repoussant.

Oh ! mais non !... pas vous !... Monsieur, oui !... Vous... non !... Monsieur à notre confiance !... vous ne l'avez pas !...

NATHANIEL.

Attrape... mon cher !...

LUCETTE.

Ainsi, monsieur, je puis compter sur vous pour décider madame...

NATHANIEL.

Oui, mon enfant... va !...

FRANÇOIS.

Merci... monsieur...

LUCETTE.

Merci... monsieur...

FRANÇOIS.

Oh ! que monsieur est donc bon ! (Ils sortent.)

SCÈNE VII

GASTON, NATHANIEL, puis MADAME DE MÉRICOURT.

NATHANIEL.

Tu vois !... jusqu'aux femmes de chambre, aux suivantes, aux
caméristes... dont je suis l'ami !... en tout bien tout honneur !...

GASTON.

En effet ! tu es bien posé dans la maison !...

NATHANIEL.

Ah çà ! voyons, j'ai deux heures à moi avant le dîner... Mon
cheval est sellé... car j'ai mon cheval, ici !... il n'y a que moi qui
le monte... et je vais...

MADAME DE MÉRICOURT, entrant.

Ah! je vous trouve encore!... tant mieux. Je ne sais où est Lucette... je ne puis venir à bout d'attacher cette broche!...

GASTON.

Madame... si j'osais!...

MADAME DE MÉRICOURT.

Oh! non... pas vous!... Nathaniel!

NATHANIEL.

Voilà! voilà!... (Il agrafe la broche, et dit, à part, à Gaston :) Eh
bien! qu'en dis-tu?...

MADAME DE MÉRICOURT, à Nathaniel.

Merci! Oh!

GASTON.

Quoi donc?...

MADAME DE MÉRICOURT, montrant son épaule.

Oh! mon Dieu!... qu'est-ce que j'ai là?... Voyez donc!

GASTON, s'approchant.

Permettez!...

MADAME DE MÉRICOURT, le repoussant.

Non... Nathaniel!... Mais vite donc!...

NATHANIEL, allant à elle.

Voilà! voilà!... c'est une mouche; ne craignez rien!...

GASTON, à part.

Est-il heureux, ce Nathaniel!...

MADAME DE MÉRICOURT.

Ah! que j'ai eu peur! (A Nathaniel.) Merci! (Elle lui tend la main.)
Maintenant, monsieur de Rioux, je m'empare de vous!... (A Natha-

niel.) Mon ami, s'il arrive des invités, je vous charge de les recevoir !...

NATHANIEL.

Soyez tranquille !

MADAME DE MÉRICOURT.

Monsieur de Rioux, voulez-vous m'offrir votre bras?

GASTON.

Avec bonheur !...

MADAME DE MÉRICOURT.

Je veux vous faire visiter ma serre !...

GASTON.

Trop heureux !...

ENSEMBLE.

AIR :

NATHANIEL.

Allez dans la serre nouvelle,
Où fleurissent roses, lilas,
Où chaque fleur est rare et belle,
Admirez, mais ne cueillez pas !

GASTON.

Me promener seule avec elle,
Oh! que ce moment à d'appas ;
Elle, si charmante, si belle,
Daigne enfin accepter mon bras.

MADAME DE MÉRICOURT.

Venez dans ma serre nouvelle,
Où fleurissent roses, lilas ;
Quand chaque fleur est rare et belle.
Admirez, mais ne cueillez pas.

Après l'ensemble, Gaston et madame de Méricourt sortent.)

SCÈNE VIII

NATHANIEL, seul.

J'aurais vraiment tort de me plaindre!... Suis-je assez choyé,
dorloté dans cette maison... Oh! il n'y a que les femmes pour comprendre les délicatesses de l'amitié!... Mais, avec tout cela, je ne
reçois pas de lettres!... Je suis d'une inquiétude... Ce duel!... ce
maudit coup d'épée!... Pourvu qu'il n'y ait pas de poursuites?...
Devant les tribunaux et messieurs les juges... il faudrait tout dire!...
et je serais au désespoir que madame de Méricourt apprît...

SCÈNE IX

NATHANIEL, FRANÇOIS.

FRANÇOIS, accourant.

Ah! monsieur... je vous cherche!...

NATHANIEL.

Moi?...

FRANÇOIS.

Oui, monsieur, vous... l'ami de ma fiancée!...

NATHANIEL.

Voyons... parle!...

FRANÇOIS.

On a apporté du chemin de fer votre malle, vos cartons !...

NATHANIEL.

Oui... je sais.., et tu les as placés dans ma chambre habituelle...
au premier... la chambre verte!...

FRANÇOIS.

Non, non, monsieur notre ami... D'après l'ordre de madame, on
a donné votre chambre à monsieur Gaston !... et vous... la vôtre
est au second!...

NATHANIEL, à part.

Au second. (Haut.) C'est bien !...

SCÈNE X

Les Précédents, LUCETTE.

LUCETTE, entrant vivement.

Eh bien ! François... on vous attend !

FRANÇOIS.

Qu'y a-t-il donc !

LUCETTE.

Il arrive un monde fou ! le sous-préfet, le receveur de l'enregis-
trement !

NATHANIEL.

Déjà ?...

LUCETTE, à Nathaniel.

Ah! monsieur, vous savez! vous n'avez plus votre chambre habituelle!...

NATHANIEL.

Oui, je sais!... François m'a dit que j'étais logé au deuxième!...

LUCETTE.

Oh! non, monsieur, c'est changé!

NATHANIEL.

Comment c'est changé!...

LUCETTE.

Oui... monsieur, pour loger monsieur le sous-préfet, on a mis votre ami au second!...

NATHANIEL.

Eh bien!... et moi?...

LUCETTE.

Vous!... vous êtes au quatrième!...

NATHANIEL, à part.

Au quatrième, à la campagne!...

LUCETTE.

N° 15.

FRANÇOIS.

Près de la chambre de Lucette!

LUCETTE.

Tiens!... c'est vrai!...

FRANÇOIS.

Et non loin de la mienne!...

NATHANIEL, atterré

Avec les domestiques!...

FRANÇOIS.

Mais j'ai confiance! moi... vous savez... Vous êtes l'ami de ma future!... vous êtes notre ami!...

NATHANIEL.

C'est bien!... voyons cette chambre. Suis-moi, François.

(Il sort.)

FRANÇOIS.

Oui, monsieur. (A Lucette) Il est enchanté de demeurer près de nous, il nous aime tant!...

NATHANIEL, en dehors.

Mais, venez donc!...

FRANÇOIS.

Voilà, voilà, monsieur... Il nous aime tant. (Il sort.)

SCÈNE XI

LUCETTE puis MADAME DE MÉRICOURT.

LUCETTE.

Il prend bien la chose!...

MADAME DE MÉRICOURT, entrant vivement.

Ah!... je suis dans un embarras mortel!...

LUCETTE.

Qu'y a-t-il donc madame?...

MADAME DE MÉRICOURT.

Il vient de m'arriver, comme vous le savez, un surcroît de convives!...

LUCETTE.

Oui, madame, eh bien ?...

MADAME DE MÉRICOURT.

Eh bien ! j'ai compté... et tout bien calculé... nous serons **treize**
à table ?...

LUCETTE.

Oh ! madame, treize ?,..

MADAME DE MÉRICOURT.

Ce n'est pas pour moi; je suis au-dessus de ce préjugé-là !... mais
il y a des gens qui s'en inquiètent !

LUCETTE.

Comment faire ?...

MADAME DE MÉRICOURT

Je ne sais que devenir !... que décider !. . ah ! (Apercevant Nathaniel.)
Laisse-nous ! (Lucette sort.)

SCÈNE XII

MADAME DE MÉRICOURT, NATHANIEL.

NATHANIEL, entrant.

Eh bien !... je vous remercie... je viens de la voir... elle est jolie,
la chambre que vous m'avez réservée !...

MADAME DE MÉRICOURT.

Pouvais-je faire autrement ?

NATHANIEL.

Mais !...

MADAME DE MÉRICOURT.

Voyons, réfléchissez, Nathaniel !...

NATHANIEL.

Enfin... quoi !...

MADAME DE MÉRICOURT.

Gaston de Rioux vient ici pour la première fois; il est votre ami, il est amené par vous ! et je ne pouvais que vous faire honneur en lui offrant ce que je vous réservais à vous-même?

NATHANIEL, à part.

Elle a raison !... (Regardant au cou de madame de Méricourt.) Mais ce n'est pas ma broche... ça... celle que je vous ai attachée ce matin ?...

MADAME DE MÉRICOURT.

Non... j'ai réfléchi... Il serait peut-être impoli à moi de ne pas porter aujourd'hui... aujourd'hui seulement, la mosaïque que votre ami Gaston m'a offerte si gracieusement !

NATHANIEL.

Cependant !...

MADAME DE MÉRICOURT.

Allons !... ah !... s'il faut que je me gêne... avec mes amis... mes vrais amis !... (Lui tendant la main.) Et vous êtes de ce nombre Nathaniel ?... Ce ne serait vraiment pas la peine d'en avoir?

NATHANIEL, à part.

Elle est adorable !...

MADAME DE MÉRICOURT.

Mais il ne s'agit pas de tout cela ! vous voyez devant vous la femme la plus embarrassée du monde.

2.

NATHANIEL.

Qu'est-ce donc !

MADAME DE MÉRICOURT.

Nous allons être treize à table ?

NATHANIEL.

Oh ! treize... eh bien !

MADAME DE MÉRICOURT.

Ah ! mon cher... pas de phrases banales, treize est un vilain nombre, qui, à tort ou à raison, déplaît à beaucoup de gens, il faut nous en débarrasser !

NATHANIEL.

Voyons donc, voyons donc. (Il cherche.) Ah ! j'y suis.

MADAME DE MÉRICOURT.

Une bonne idée !

NATHANIEL.

Excellente ! la petite fille du jardinier ! elle est gentille, bien élevée, bien...

MADAME DE MÉRICOURT.

Arrêtez-vous ! j'y avais songé ! je l'ai demandée à son père... Malheureusement elle est partie d'hier... pour Pontoise...

NATHANIEL.

Oh ! est-ce qu'on va à Pontoise ? qu'on en revienne !...

MADAME DE MÉRICOURT.

Je crois bien qu'il y aurait un moyen !

NATHANIEL.

J'en suis sûr ! il n'y en a qu'un, un bon... et c'est vous qui le trouverez... Les femmes ont un tact !...

MADAME DE MÉRICOURT.

Voici : s'il n'y a pas possibilité d'être quatorze, il y a toujours possibilité de n'être que douze.

NATHANIEL.

Oh ! ça... sans doute ! qui peut plus peut moins...

MADAME DE MÉRICOURT.

La difficulté maintenant est de savoir qui ne dînera pas à table.

NATHANIEL.

Cherchons donc, cherchons donc !... Ah ! Duhamel, un petit vieux !

MADAME DE MÉRICOURT.

Monsieur le maire ! y pensez-vous ! une autorité !

NATHANIEL.

C'est juste !... Ah ! le fils du percepteur... dix-sept ans... un gamin... sans conséquence !...

MADAME DE MÉRICOURT.

Ah ! oui... c'est adroit !... et demain le percepteur, qui adore son fils, me fera augmenter mes contributions !...

NATHANIEL.

Diable !... nous sommes embarrassés... ah !..., (s'arrêtant.) mais que je suis bête !...

MADAME DE MÉRICOURT.

Vous avez trouvé?

NATHANIEL.

Sans chercher bien loin.

MADAME DE MÉRICOURT.

Comment?

NATHANIEL.

Gaston... Gaston... le dernier venu... c'est sa faute !

MADAME DE MÉRICOURT.

Oh !... Nathaniel... c'est mal... Comment M. de Rioux ! que vous m'amenez aujourd'hui ?

NATHANIEL.

Mais pourtant !...

MADAME DE MÉRICOURT.

Eh! quoi!... vous auriez un mauvais procédé pour un ami, un camarade, au profit d'un indifférent?... oh!. .

NATHANIEL.

Mais dame! comment faire? J'épuise la liste des invités admis à votre table pour essayer d'en distraire un... et à moins que ce ne soit moi... moi qui me dévoue !

MADAME DE MÉRICOURT.

Quoi? vraiment?...

NATHANIEL.

Comment? quoi vraiment?

MADAME DE MÉRICOURT.

C'est très-bien! Nathaniel, je n'aurais pas osé vous le demander! je n'attendais pas moins de votre part.

NATHANIEL.

Mais permettez !...

MADAME DE MÉRICOURT.

Oh! rassurez-vous! vous dînerez dans le petit pavillon !...

NATHANIEL.

C'est ça, à la petite table avec les enfants !

MADAME DE MÉRICOURT.

Et au dessert... au champagne, vous serez des nôtres !

NATHANIEL.

Mais... Amélie !...

MADAME DE MÉRICOURT.

Merci... ami... merci... (Elle sort.)

NATHANIEL.

Mais je ne veux pas !...

SCÈNE VIII

NATHANIEL seul, puis LUCETTE.

NATHANIEL

C'est ça, ma bonne m'amènera ! (En scène.) Ah çà ! voyons donc !
récapitulons ! on me prend ma chambre ! on me loge au quatrième !
bien ! je fais cadeau d'une broche ! et c'est celle d'un autre qu'on
porte !... Très-bien !... on est treize à table, il s'agit de supprimer un
dîneur, et c'est sur moi que !... oh ! mais non, ça ne me va plus !
ce rôle-là, non, non ! (Appelant.) Lucette !... je ne dînerai pas, je vais
aller me promener... Luc... ah !

LUCETTE.

Que voulez-vous, monsieur Nathaniel ?

NATHANIEL.

François est-il là !

LUCETTE.

Oui, monsieur...

NATHANIEL.

Je vais sortir, dis-lui de seller mon cheval.

LUCETTE.

Votre cheval ? ah bien, il y a longtemps qu'il court les bois !

NATHANIEL.

Qui donc s'est permis?...

LUCETTE.

C'est madame qui l'a mis à la disposition de votre ami Gas-
on !

NATHANIEL.

Encore ! ah! c'est trop fort!...

ENSEMBLE.

Air :

LUCETTE.

Son ami l'irrite et l'agace ;
Le fait est assez singulier !
Monter son cheval à sa place,
C'est vraiment par trop cavalier.

NATHANIEL.

Ce garçon m'irrite et m'agace,
Maintenant à qui se fier.
Monter mon cheval à ma place,
C'est aussi par trop cavalier.

(Il sort.)

SCÈNE XIV

LUCETTE, puis, GASTON.

LUCETTE, le regardant sortir.

Mais qu'a-t-il donc aujourd'hui, monsieur Nathaniel, lui, d'ordi-
naire, si gai, si aimable !..

GASTON, entrant par la droite.

Impossible de continuer ma promenade !

LUCETTE, le voyant.

Ah! vous arrivez bien? monsieur Nathaniel est furieux après vous !...

GASTON.

Et pourquoi, mon Dieu ?...

LUCETTE.

Parce que vous lui avez pris son cheval !

GASTON.

N'est-ce que cela ? il le retrouvera à l'écurie, où je viens de le ramener !...

LUCETTE.

Je vais l'en prévenir, ça le calmera ! (Elle sort.)

SCÈNE XV

GASTON, seul.

Cette idée me poursuit sans cesse ! Je suis amoureux fou de madame de Méricourt... et je n'ose lui dire ce que j'éprouve... si je lui écrivais ?... oui... c'est cela !... (Il va à la table pour écrire.)

SCÈNE XVI

GASTON, NATHANIEL.

NATHANIEL, entrant de gauche.

Ah ! te voilà !... et mon cheval ?...

GASTON.

Il est à l'écurie !...

NATHANIEL.

A l'écurie ?...

GASTON, à part.

Oh! Nathaniel, son ami, il va me servir !

NATHANIEL.

Je te prierai dorénavant !...

GASTON, sans l'écouter.

C'est bon, c'est bon ; allons au plus pressé !...

NATHANIEL.

Je voudrais bien, auparavant !

GASTON.

Non... écoute-moi, d'abord !...

NATHANIEL, résigné.

Allons !...

GASTON.

Mon cher !... je suis amoureux !

NATHANIEL.

Ah !...

GASTON.

Et sais tu de qui ?...

NATHANIEL.

Ma foi... non...

GASTON.

De ton amie !... de la délicieuse maîtresse de cette maison !...

NATHANIEL.

Eh bien ! que veux-tu que j'y fasse ?...

GASTON.

Ce que je veux !... je veux que tu lui parles de mon amour !...

NATHANIEL.

Moi ?...

GASTON.

Que tu lui dépeignes ma flamme, mes tourments, je veux enfin, que tu lui fasses comprendre ceci : que j'ai vingt-cinq ans... trente mille livres de rentes... et que je la demande en mariage !...

NATHANIEL.

Hein ?...

GASTON.

Tu ne peux pas me refuser ce service-là... toi qui n'es que son ami... qui n'as pas de prétentions au delà d'une affection calme !... (Il lui frappe sur le ventre familièrement.) reposée !...

NATHANIEL.

Mais... mais !...

GASTON.

Chut!... la voilà... elle vient de ce côté!... Plaide ma cause, mon bon Nathaniel, je compte sur ton amitié!... (Il sort à droite.)

NATHANIEL, seul.

C'est singulier... ça me fait un drôle... d'effet!... Amélie !... se marier ! .. oh ! non .. c'est impossible !... moi... son ami...je reste garçon !... elle, mon amie, devrait en faire autant !... (Se reprenant.) C'est-à-dire !...

MADAME DE MÉRICOURT, en dehors.

Par ici... François...

NATHANIEL.

Oh ! c'est elle !...

3

SCÈNE XVII

NATHANIEL, MADAME DE MÉRICOURT.

MADAME DE MÉRICOURT, entrant suivie de François, qui place une table au milieu du salon.

On prendra le café dans ce salon !... (Elle va à droite arranger des fleurs.) Ah ! tout est en ordre ! et ce n'est pas sans peine ! (Voyant Nathaniel.) Tiens... vous ici ?...

NATHANIEL.

Oui... j'étais là... je songeais !...

MADAME DE MÉRICOURT.

Est-ce indiscret de vous demander à quoi vous songiez?...

NATHANIEL.

Oui... c'est indiscret !... mais n'importe !... demandez toujours?...

MADAME DE MÉRICOURT.

Eh bien !... voyons !...

NATHANIEL.

Que diriez-vous... Amélie... si une personne que je ne veux pas nommer... m'avait chargé, auprès de vous d'une mission très-délicate?

MADAME DE MÉRICOURT, l'interrompant.

N'allez pas plus loin... je devine... la demande en mariage !...

NATHANIEL.

Précisément?...

MADAME DE MÉRICOURT.

Eh bien!... répondez à la personne que vous ne voulez pas nommer, et que je ne veux pas connaître... que je ne songe pas au mariage...

NATHANIEL, à part.

A la bonne heure! je savais bien qu'elle était dans les bonnes idées.

MADAME DE MÉRICOURT, se reprenant.

Pour le moment! pour le moment... plus tard, je ne dis pas!...

NATHANIEL.

Comment... plus tard?

MADAME DE MÉRICOURT.

Oh! pas comme vous l'entendez, à propos de vos histoires, sur mes vieux jours .. Oh! non! mais dans trois mois... six mois... plus ou moins.

NATHANIEL, à lui-même et tombant assis sur une chaise près d'elle.

Il est donc vrai... elle se marierait?

MADAME DE MÉRICOURT.

Eh bien! qu'avez-vous?

NATHANIEL.

Je n'ai rien... Si... Non... eh bien! si. (Se posant et prenant son chapeau.) Amélie!...

MADAME DE MÉRICOURT.

Oh! mon Dieu... quel ton officiel!

NATHANIEL.

ue diriez-vous encore... si quelqu'un qui vous aime... et que

vous aimez... demandait à être l'he_reux privilégié qui dans trois
mois... six mois... plus ou moins ?...

MADAME DE MÉRICOURT.

Tiens ! vous m'intriguez... Voyons donc.. (Cherchant) Quelqu'un
qui m'aime... et que j'aime !... Qui ça peut-il être ?...

NATHANIEL.

Vous ne devinez pas ?

MADAME DE MÉRICOURT.

Ma foi non !

NATHANIEL.

Mais il est là !...

MADAME DE MÉRICOURT.

Hein ?

NATHANIEL.

Près de vous !

MADAME DE MÉRICOURT.

Quoi !

NATHANIEL.

C'est moi...

MADAME DE MÉRICOURT.

Vous ? sérieusement ?

NATHANIEL.

Sérieusement.

MADAME DE MÉRICOURT.

Ah ! ah ! ah ! non, c'est impossible !

NATHANIEL.

Impossible, comment cela ?

MADAME DE MÉRICOURT.

Vous... non... Ah! ah!

NATHANIEL.

Pour être votre ami, je n'en suis pas moins... homme!...

MADAME DE MÉRICOURT.

Oh non! finissez; oh! vous me faites rire. Ah! ah! ah!

NATHANIEL, à part.

Je la fais rire...

LUCETTE, entrant.

Qu'avez-vous donc, madame?

MADAME DE MÉRICOURT.

Oh! c'est trop drôle! Je vais te dire, ah! ah!

NATHANIEL.

Amélie!....

MADAME DE MÉRICOURT.

Imagine-toi, Lucette, que Nathaniel... que voici... est amoureux
de moi... Ah!

LUCETTE, riant.

Ah! ah! ah!

NATHANIEL, à part.

Elle va trop loin.

MADAME DE MÉRICOURT.

Et qu'il veut m'épouser!

LUCETTE.

Vous épou... ah! ah! ah!

MADAME DE MÉRICOURT.

Ah! ah! ah!

NATHANIEL, à part.

Elle rit trop, allons... elle rit trop!

SCÈNE XVIII

LES MÊMES, FRANÇOIS, entrant.

FRANÇOIS.

Tiens, on est gai, ici !

LUCETTE.

Oh ! figurez-vous, François !

NATHANIEL.

Lucette... je vous défends !

LUCETTE.

Monsieur Nathaniel qui veut épouser... madame.

FRANÇOIS (il rit).

Ah ! ah ! Le fait est qu'elle est drôle celle-là ! ah ! ah !

ENSEMBLE.

AIR *de Mangeant.*

AMÉLIE.

Ah ! ah ! ah !

LUCETTE et FRANÇOIS.

Vouloir épouser madame,
C'est trop comique sur mon âme !
Ah ! ah !
Rien n'est plus plaisant que cela !
(Tous sortent excepté Nathaniel.)

SCÈNE XIX

NATHANIEL, puis GASTON.

NATHANIEL va s'asseoir à droite.

Suis-je assez humilié !

GASTON, entrant de droite, va s'asseoir près de lui.

Eh bien ?

NATHANIEL.

Quoi ?

GASTON.

Tu as parlé pour moi ?

NATHANIEL.

Oui, j'ai parlé pour moi... c'est-à-dire...

GASTON.

Et... qu'a-t-elle répondu ?

NATHANIEL.

Ce qu'elle à répondu ? (S'arrêtant et à part.) Au fait... il a des chances ! il est jeune, il est fort bien, même... pourquoi ne l'aimerait-elle pas ?

GASTON.

Eh bien ! j'attends !...

NATHANIEL.

Gaston, tu tiens donc beaucoup à ce mariage ?

GASTON.

C'est mon rêve !

NATHANIEL.

Eh bien ! soit ! je te marierai à madame de Méricourt !...

GASTON.

Excellent ami !... Je cours la rejoindre !

NATHANIEL.

Comme ça, j'aurai au moins la consolation de contempler leur bonheur !...

GASTON.

Oui... oui... de loin !...

NATHANIEL.

Comment de loin ?...

GASTON.

Sans doute... crois-tu donc que je veux que ma femme ait des amis comme toi ?...

NATHANIEL.

Tu dis ?...

GASTON.

Je dis qu'il est trop dangereux pour un mari, d'avoir des complaisants dans ton genre!... toujours attentifs, aux petits soins, ne cherchant qu'à plaire... Merci ! tu seras notre ami... mais... à distance! ...

NATHANIEL.

C'est cela... un ami rayé!...

GASTON.

Merci, mon bon, c'est un service que je n'oublierai jamais. Oh ! sois tranquille, tu resteras toujours notre ami, mais de loin... de loin!... (Il sort.)

SCÈNE XX

NATHANIEL, puis FRANÇOIS.

NATHANIEL.

Seul... seul... abandonné... n'ayant plus l'amie! et n'ayant pas la femme! oh ! mon parti est pris!... (Il sonne, François entre.)

FRANÇOIS.

Monsieur me demande ?

NATHANIEL.

Va me chercher mes malles, mon carton à chapeau... et porte-
moi tout cela au chemin de fer...

FRANÇOIS.

Mais, monsieur...

NATHANIEL.

Allons... allons ! fais ce que je dis ! (François sort.) Oui, je vais
sortir d'ici... et aller... où ça ? chez une autre... qui me jouera le
même tour, et ainsi de suite ! Oh ! les amis, les femmes, les
femmes ?

AIR *de Mangeant.*

Fuyons la femme, évitons l'homme,
Loin d'eux je vais porter mes pas.
Le Cantal, ou le Puy-de-Dôme
Va me recevoir dans ses bras !

Fuyons des amours infidèles,
Fuyons d'ingrates amitiés.
Je veux aller ployer mes ailes *bis*
Dans le pays des chaudronniers.
Les hommes ! je ne puis les suivre !
Les femmes m'échappent. hélas !
Il ne me reste plus qu'à vivre
Avec messieurs les Auvergnats !

REPRISE.

Fuyons la femme, évitons l'homme, etc.

FRANÇOIS, arrive avec un crochet chargé de paquets et va déposer le
tout au fond.

Voilà, monsieur...

3.

NATHANIEL.

C'est bon... viens!...

FRANÇOIS. (On sonne au dehors.)

Oh ! madame me sonne!...

NATHANIEL.

Tu iras plus tard... suis-moi!...

FRANÇOIS.

Oh! non, monsieur...

NATHANIEL.

Quand je te le dis!...

FRANÇOIS.

Madame me sonne... Voilà! voilà ! (Il sort vivement.)

NATHANIEL, seul.

La domesticité me lâche également. Oh ! n'importe ! je m'aime-
rai tout seul, et je me servirai moi-même! (Il va au fond, met le
crochet chargé sur ses épaules, prend les paquets, et s'avance ainsi vers
le public.) C'est lourd ! .. mais ça n'est pas humiliant !... (Il va pour
sortir.)

SCÈNE XXI

NATHANIEL, MADAME DE MÉRICOURT.

MADAME DE MÉRICOURT.

Que veut dire ceci ! quel est cet attirail?...

NATHANIEL.

Je m'en vais!...

MADAME DE MÉRICOURT.

Et où cela, mon ami?...

NATHANIEL.

Votre ami! votre ami? Ah! voilà le grand mot! Les femmes
croient avoir tout dit, croient avoir tout fait, quand elles vous ont
tendu la main, en ajoutant! Soyez mon ami!... L'ami d'une
femme? mais c'est un esclave! un ilote! il n'a que les rebuffades
et les mauvais procédés!...

MADAME DE MÉRICOURT.

Ah!...

NATHANIEL.

Je sais ce que je dis! Au spectacle.. il est sixième dans une
loge de quatre... Que voulez-vous? c'est un ami! A table, on donne
l'aile du poulet aux indifférents, mais à lui, on lui réserve le pi-
lon! Que voulez vous! c'est un ami!... Dans les parties de campagne, en voiture, est-ce à lui qu'on donne la meilleure place? du
tout! on le met à côté du cocher!... Une course désagréable, un
ennui, une corvée on en charge... qui? un monsieur qui passe?...
Fi donc! on garde tout cela pour l'ami! c'est son droit... c'est son
devoir! il aurait tort de réclamer autre chose? Bref, l'ami d'une
femme, ce n'est pas un homme... c'est un commissionnaire...
Voyez plutôt! il ne me manque que la médaille!...

MADAME DÉ MÉRICOURT, à part.

Oh! pauvre garçon... je l'ai froissé... tout à l'heure. (D'une voix
douce.) Nathaniel?

NATHANIEL.

Hein?

MADAME DE MÉRICOURT.

J'ai eu des torts!...

NATHANIEL.

Non, je ne dis pas cela !...

MADAME DE MÉRICOURT.

Je le dis moi... je le sens maintenant, et je vois qu'en effet... l'amitié est un sentiment très-lourd à porter !...

NATHANIEL.

Dame !...

MADAME DE MÉRICOURT, lui ôtant un paquet des mains.

Mais quand on est deux l'un vient au secours de l'autre !...

NATHANIEL.

Quelquefois !... quelquefois ?...

MADAME DE MÉRICOURT, lui ôte encore un paquet.

Toujours !... c'est son droit... c'est son devoir, à celle qui n'est pas atteinte de venir en aide à celui qui souffre !...

NATHANIEL, à part.

Elle à une petite voix...

MADAME DE MÉRICOURT.

Et maintenant que je vous ai... c'est-à-dire, que je me suis bien grondée moi-même... que j'ai reconnu mes torts... voulez-vous encore partir ?...

NATHANIEL.

Eh bien ! non ! (Il va jeter à droite son crochet.) C'est-à-dire ! si... si... j'ai affaire à Paris !

MADAME DE MÉRICOURT.

Ah !...

NATHANIEL.

Une chose urgente...

SCÈNE XXII

LES MÊMES, GASTON suivi de FRANÇOIS, puis de LUCETTE.

GASTON, venant du fond.

Voici la réponse télégraphique !...

NATHANIEL, lui prenant vivement la lettre.

C'est bien, c'est bien ! donne !...

MADAME DE MÉRICOURT.

Mais qu'est-ce donc?...

NATHANIEL.

Rien... rien...

GASTON.

Mais pourquoi donc te taire, maintenant que le danger est passé ?

MADAME DE MÉRICOURT.

Le danger !...

NATHANIEL.

Tais-toi donc !...

GASTON.

Et pourquoi cela?... un fait qui t'honore!... Ma foi... oui... madame... un duel!...

MADAME DE MÉRICOURT.

Un duel?...

NATHANIEL, à Gaston.

Bavard?... va !...

GASTON.

Un coup d'épée, qu'il a donné?...

MADAME DE MÉRICOURT.

Mais qu'il aurait pu recevoir ! ah ! Nathaniel et vous ne m'en avez rien dit ?...

NATHANIEL.

Amélie...

GASTON.

Il craignait des poursuites ! mais voici qui le rassure. (Montrant la lettre.) Lis, beau preux ! car notre ami Nathaniel est un des derniers chevaliers français ! C'est pour une femme... qu'il se battait !...

NATHANIEL.

Gaston !...

MADAME DE MÉRICOURT, à part.

Une femme ! ah !... (Avec émotion à Nathaniel.) En effet ! vous aviez raison, monsieur vous devez ! il faut partir ! (Elle lui remet les paquets entre les bras.) Tenez ! tenez !...

NATHANIEL.

Amélie !...

MADAME DE MÉRICOURT.

Tenez !...

NATHANIEL, à part.

Elle m'accable !... elle m'accable !...

MADAME DE MÉRICOURT.

Allez-vous-en !... allez revoir cette femme pour laquelle vous exposiez votre vie... allez !...

NATHANIEL.

Mais...

MADAME DE MÉRICOURT.

Une femme que je ne connais pas !...

LUCETTE, entrant.

Je la connais... moi ?...

MADAME DE MÉRICOURT.

Toi ?...

LUCETTE.

J'étais au bal. . ce soir-là, chez madame de Cernanges... je tenais la pelisse de madame.

NATHANIEL.

Lucette, taisez-vous !...

MADAME DE MÉRICOURT.

Lucette... parlez ?...

LUCETTE.

Madame, c'est pour vous qu'il s'est battu ?...

GASTON, surpris.

C'était pour elle ?...

MADAME DE MÉRICOURT.

Ah ! et à quel propos ?

NATHANIEL.

Oh ! rien, une misère... une discussion... je vous dirai cela...

MADAME DE MÉRICOURT

Plus tard !... quand nous serons mariés. (Elle lui donne la main.)

NATHARIEL, lâchant les paquets.

Qu'entends-je ! je vous épouse... sans rire ?...

MADAME DE MÉRICOURT.

Oui... sérieusement!... j'ai réfléchi... à mon âge, on n'a pas encore d'amis, c'est trop tôt !...

NATHANIEL.

Oh ! Amélie!... (Il lui baise la main.)

FRANÇOIS, arrivant du fond.

Tout le monde est arrivé... monsieur le maire s'impatiente?. .

NATHANIEL.

Qu'il ne s'en aille pas ! nous aurons besoin de lui ?...

LUCETTE, à part.

Je l'espère bien !...

GASTON, à Nathaniel.

Ah çà ! dis donc, toi qui m'assurais n'être que l'ami de madame?...

NATHANIEL.

J'ai changé d'idée : je préfère être son mari?...

CHOEUR.

AIR :

Ils ont mis de moitié,
Et c'est d'un heureux présage,
Pour entrer en ménage,
L'amour avec l'amitié.

NATHANIEL, au public.

AIR : *Vaudeville de Préville et Taconnet.*

J'avais choisi ma spécialité.
Vif, empressé, galant auprès des dames,

Je me disais avec sincérité :

Je suis le défenseur, je suis l'ami des femmes.
L'ambition m'a gagné désormais,
Et c'est sur vous que mon espoir se fonde.
Je serais bien heureux, si je pouvais,
Être aujourd'hui l'ami de tout le monde,
Je me voudrais l'ami de tout le monde.

     REPRISE DU CHŒUR.

FIN

Imp. de la Librairie Nouvelle. — A. Bourdilliat, 15, rue Breda.

NOUVELLE-BIBLIOTHEQUE THEATRALE

Cheix de Pièces nouvelles, format in-12

Paris. — IMP. DE LA LIBRAIRIE NOUVELLE. — A. Bourdilliat, 15, rue Bréda.

Imprimé en France
FROC021213220120
23240FR00017B/398/P